English - Korean Bilingual Story Journal For Beginners
(With Downloadable MP3 Audio)

By Hye-min Choi

ISBN 979-11-88195-68-8

All rights reserved. No part of this publication may be reproduced, distributed, or transmitted in any form or by any means, including photocopying, recording, or other electronic or mechanical methods, without the prior written permission of the publisher, except in the case of brief quotations embodied in critical reviews and certain other noncommercial uses permitted by copyright law.

For permission requests, write us at marketing@newampersand.com

Ordering Information: Quantity sales. Special discounts are available on quantity purchases by corporations, associations, and others. For details, contact the publisher at the email address above. Printed in the United States of America

www.newampersand.com
14 13 12 11 10 / 10 9 8 7 6 5 4 3 2 1

Download your Korean Audio MP3 Files at

newampersand.com/KoreanStory

여러분 안녕하세요?

How are you, everyone?

만나서 **정말** 반가워요.

It's **really** nice to meet you.

제 **이름**은 토니라고 합니다.

My **name** is Tony.

저는 열 두살이고,

I'm twelve years old, and

중학생이에요.

I'm a middle school student.

물론, 남자아이랍니다.

Of course, I'm a boy.

아참! 이게 저의 **일기장**인 것은 <u>알고 계시죠</u>?

Oh, right! <u>You know</u> this is my **diary**, <u>right</u>?

맞아요! 당신은 저의 일기장을 **볼 수 있어요**.

That's right! **You can see** my diary.

아주 **멋진** <u>특권</u>이지요.

It's a very **cool** <u>privilege</u>.

저는 <u>오늘</u>**부터**,

Starting <u>today</u>,

가능하면 매일매일,

possibly everyday.

하루동안 <u>겪는</u> 일을 기록할거에요.

I will record <u>what I go through</u>, **throughout the day**.

저의 **이야기**를 여러분들과 함께 <u>공유</u>할테니,

As I will be <u>sharing</u> my **stories** with you,

재밌는 이야기를 들을때면 저와 함께 <u>웃고</u>,

<u>Laugh</u> with me when you hear a **funny** story,

슬픈 이야기를 들을때면 저와 함께 <u>울고</u>,

<u>Cry</u> with me when you hear a **sad** story,

그리고 많은 **아름다운** <u>추억</u>을 함께 만들면 좋겠어요.

And, I hope to make a lot of **beautiful** <u>memories</u>
together.

그러면서 **한국어** <u>공부</u>도 할 수 있으니 참 좋죠?

At the same time, it's very nice that you can also
<u>study</u> **Korean**, right?

간단한 이야기부터 <u>복잡한</u> 이야기까지,

From **simple** stories to <u>complicated</u> stories,

다양한 이야기를 나눌테니 <u>기대하세요</u>!

I will be sharing **a variety of** stories, so <u>look forward to</u> them!

당신도 모르는 사이에, 당신의 한국어 실력이 굉장히 <u>늘 것이에요</u>.

Your Korean skills <u>will improve</u> a lot **before you even know it.**

그리고, **그 때가 되면** 우리는 아주 <u>친한 친구</u>가 되어 있을거에요.

And **by then**, we would have become very <u>close friends</u>.

서로에 대해서 <u>많이 아는</u> 친구.

Friends who <u>know a lot</u> about **each other**.

서로를 <u>많이</u> **아껴주는** 친구!

Friends who **care** <u>a lot</u> about each other!

우리는 **그런** 친구가 되면 <u>좋겠어요</u>.

<u>I wish</u> we can be **such** friends.

가능하겠죠?

It's possible, right?

힘들어도, <u>노력하면</u> **할 수 있어요**!

Even if it's difficult, **we can do it** <u>if we try hard</u>!

지치더라도 **포기**하지 않는 것이 <u>중요합니다</u>.

<u>It's important</u> to not **give up**, even when we're tired.

그래요! **그러면** 오늘부터 우리는 친구입니다!

That's right! **Then** we're friends starting today!

화이팅!

Let's go!

일기 #1 / 날씨 : 눈

Journal #1, Weather : Snow

오늘은 **유난히** 추운 날이었어요.

Today was an **especially** cold day.

창 밖을 보았더니,

When I looked out the **window**,

눈이 내리고 있었어요.

it was **snow**ing.

서울에는 눈이 많이 오지 않아요.

It doesn't snow a lot in **Seoul**.

그래서 눈이 내리는 것을 **보는 것**은 쉽지 않아요..

So **watching** it snow is not easy.

아, 하지만 눈이 오는 것을 **모두** 좋아하는 것은 아니에요.

Oh, but not **everyone** likes it when it snows.

출근하는 사람들은

For people **commuting to work**,

눈이 오면 <u>더</u> **귀찮아요**.

it's <u>more</u> **bothersome** when it snows.

다행히 저는 오늘 <u>집에 있어요</u>.

Luckily, I'm <u>staying home</u> today.

학교가 <u>취소</u>되었거든요.

Because **school**'s been <u>cancelled</u>.

이렇게 추운 날에 <u>밖에 나가면</u>,

<u>If you go outside</u> on a cold day **like this**,

감기에 걸리기 쉽습니다.

you can easily catch **a cold**.

감기에 걸리면 **어떻게 해야 할까요?**

What should you do when you catch a cold?

한국에서는, **유자차**를 마십니다.

In Korea, we drink **yuja (citron) tea**.

유자 **조각**과 <u>꿀</u>을 넣고,.

You put yuja **slices** and <u>honey</u>,

따뜻한 물을 <u>부어요</u>

and <u>pour</u> **warm** water.

비타민 C가 **많아서**

Because **there is a lot of** Vitamin C.

건강 회복에 도움이 됩니다.

it helps you restore your **health**.

예전에는 과학이 발달하지 않았어요,

In the past, science wasn't very advanced.

그래서, **음식**을 잘 먹는 것이.

For that reason, eating **foods** well

약보다 중요했어요

was more important than taking **meds**.

"밥이 약이다"라는 **말**이 있어요.

There's **a saying** "meal is medicine".

요즘에는 감기약이 있으니까 편리합니다.

Nowadays, it's convenient because there are cold

medicines.

오늘은 <u>무슨</u> 공부를 하냐고요?

<u>What</u> am I studying **today**?

밀린 <u>숙제</u>를 해야해요.

I have to work on my **overdue** <u>homework</u>.

연휴라 굉장히 <u>바빴거든요</u>.

<u>Because I've been </u>very <u>busy</u> due to the **extended** **holidays**.

어디서부터 <u>시작</u> 해야하나?

(From) Where should I <u>begin</u>?

산수부터 시작 해야겠어요!

I should start with **mathematics**!

따뜻한 우유를 <u>한 잔</u> 마시면서,

Drinking <u>a</u> warm <u>cup of</u> **milk**!

공부를 시작해볼게요!

I will start **studying**!

일기 #2 / 날씨 : 맑음

Journal #2, Weather : Sunny

오늘은 **밖에 나갔다가**,.

Today **when I went outside**,

주인 없는 <u>강아지</u>를 보았어요

I saw <u>a puppy</u> without **an owner**.

하얀색 <u>털</u>의 작은 강아지였어요.

It was a little puppy with **white** <u>fur</u>.

아니! **정말** 추운데!

Oh my, it's **really** cold!

도대체 왜 <u>혼자</u> 있는걸까요?

Why in the world is it <u>by itself</u>?

혹시 아픈가?

Is it sick, **perhaps**?

아니면, **집**에서 <u>도망</u>쳤나?

Or, did it <u>run away</u> from **home**?

주인을 **기다리고 있나**?

Is it waiting for its owner?

잘 모르니까, **함께** 기다려보았어요.

Because I wasn't sure, I waited **together**.

하지만 시간이 지나도, 아무도 안 왔어요.

But after time passed, no one came.

<u>큰일</u>이네... **어떻게 해야하지**?

This is <u>a big problem</u>... **What should I do?**

여기에 있으면 <u>얼어</u> 죽을텐데.

It will <u>freeze</u> to death if it stays **here**.

그래! 집에 **데리고** 가야겠다.

Right! I should **take** it home.

부모님이 <u>화 내시면</u> 어떻게 하지?

What should I do <u>if</u> my **parents** <u>get upset</u>?

그래도, **일단은** 강아지를 <u>살려야해</u>!

But still, I <u>have to save</u> the puppy **first**!

생명이 <u>가장</u> 소중한 것이니까.

Because **life** is <u>the most</u> important thing.

가방에 있던 따뜻한 <u>담요</u>를 꺼냈어요.

I took out a warm <u>blanket</u> from my **bag**.

그리고 그것으로 강아지를 **쌌어요**.

And I **wrapped** the puppy with it.

많이 추웠는지, **몸**을 <u>떨고 있었어요</u>.

Its **body** <u>was shaking</u> as if it were very cold.

아니면, **겁이 나서** <u>그런가</u>?

Or, <u>was it because</u> **it's scared**?

걱정 하지 않아도 되는데...

It doesn't have to be **worried**...

나는 **착한** <u>사람</u>이거든요!

Because I'm a **kind** <u>person</u>!

얼른 집에 가야겠다!

I should get home **quick**!

아참, 집에 우유가 **있던가**?

Oh wait, **was there** milk at home?

아하! **어제** 산 우유를 <u>기억했어요</u>.

Aha! <u>I remembered</u> the milk that I bought **yesterday**.

금방 갈게, <u>조금만</u> 기다려!

We'll get there **soon**, so wait <u>just a little</u>!

일기 #3 / 날씨 : 맑음

Journal #3, Weather : Sunny

강아지가 집에 온지 **벌써** 3일이 지났어요.

It's been 3 days **already** since the puppy came home.

다행히도, 건강을 회복했어요.

Luckily, it restored health.

뿐만 아니라, <u>새로운</u> 이름도 얻었어요.

Not only that, it also got a <u>new</u> name.

궁금하시죠?

You must be curious, right?

한 번 **맞춰보세요**!

Give it a try and **take a guess**!

어렵죠?

It's difficult, right?

정답을 알려드릴게요.

I'll tell you **the answer**.

그것은 바로 –

That is –

'하나'입니다.

It's Hana.

하나는 **숫자** 1을 뜻하기도 하지만,

Hana stands for **number** 1, but

'함께'라는 **의미**도 갖고 있어요.

It also has a **meaning** of being 'together'.

그렇게, 하나는 새로운 **식구**가 되었어요.

Like that, Hana became a new **family member**.

아 맞다! <u>남자 아이</u>인지, **여자 아이**인지,

궁금하시죠?

Oh, right! You're curious to know if it's <u>a boy</u> or **a
girl**, right?

하나는 남자 아이에요!

Hana is a boy!

사실, 하나는 여자 <u>이름이기도 해요</u>.

In fact, Hana <u>is also</u> a girl's name.

하지만 **상관없어요**.

But it **doesn't matter**.

<u>성별</u>에 **관계 없이** 쓸 수 있는 이름이에요.

It's a name that can be used **regardless of** <u>gender</u>.

기억나세요?

Do you remember?

강아지를 집에 데리고 가면 부모님이 화내실까봐
걱정했던것을요?
That I was worried my parents might get upset if I
brought the puppy home?

다행히도, 부모님도 하나를 **사랑하세요**.
Luckily, my parents also **love** Hana.

아주 착하고 <u>예쁜</u> 강아지라고 **말씀 하세요**.
They say it's a very good and <u>pretty</u> puppy.

눈동자가 평장히 <u>까매요</u>.
The **pupils** are very <u>black</u>.

아름다운 <u>호수</u> 같아요.

It's like a **beautiful** lake.

아! 저는 이제 하나랑 **놀아야겠어요**.

Ah! **I should go play** with Hana now.

저를 기다리고 있거든요.

Because it's waiting for me.

일기 #4 / 날씨 : 흐림

Journal #4, Weather : Overcast

오늘은 **늦잠을 잤어요**.

I slept in today.

어제 저녁 **늦게까지** 영화를 봤거든요.

I watched <u>a movie</u> **until very late** last night.

너무 재미있어서, 멈출 수 없었어요.

I couldn't stop **because it was so much fun**.

어떤 종류의 <u>영화</u>냐구요?

What kind of <u>movie</u> was it?

신나는 <u>탐험</u> 영화였어요.

It was an **exciting** <u>exploration</u> movie!

주인공이 <u>보물</u>을 찾아 <u>여행</u>을 떠나는 영화요!

A movie where **the main character** goes on <u>a journey</u> to find **a treasure**!

어떤 보물이냐구요?

What kind of treasure was it?

황금과 다이아몬드!

Gold and diamond!

상상만 해도 너무 <u>행복하다</u>!

<u>I'm</u> so <u>happy</u> just from **thinking** about it!

누군가 <u>아무도 모르는</u> 곳에 숨겨났데요.

Someone hid them in a place <u>no one knows</u>.

그런 <u>곳</u>이 정말 있을까?

Is there really <u>a place</u> **like that**?

보물을 찾으면 **엄청난** <u>부자</u>가 될텐데!

I must be **tremendously** <u>rich</u> if I found a treasure!

부자가 **되면** 무엇을 하고싶냐고요?

What do I want to do **if I became** rich?

하고 싶은 것이 **많아요**.

There are a lot of things I'd like to do.

하지만 **무엇보다**,

But **more than anything**,

가난한 <u>사람들</u>을 도와주고 싶어요.

I'd like to help the **poor** <u>people</u>.

모든 사람이 행복했으면 <u>좋겠어요</u>.

<u>I wish</u> **everyone** was happy.

여러분의 보물은 **무엇인가요**?

What is your treasure?

저에게 **가장 소중한 것**은 가족이에요.

What's most important to me is my family.

황금이나 다이아몬드와도 **바꾸지 않을거에요**.

I won't trade it for gold or diamond.

오늘은 무슨 영화를 **볼까**?

What movie **should I watch** today?

무엇을 보던지, 일찍 자야겠어요.

Whatever I watch, I should sleep early.

왜냐면 **내일** 아침에 할 일이 있거든요.

Because I have plans for **tomorrow** morning.

보물을 **찾으러** 가냐고요? 아니에요.

Am I going on a trip **to find** a treasure? No I'm not.

동네에 있는 <u>쓰레기</u>를 주울거에요.

I'll pick up <u>trash</u> in the **neighborhood**.

친구들과 함께 하는 **봉사활동**이에요.

It's **a voluntary work** I do with my friends.

남을 행복하게 <u>만드는 것</u>이, 보물입니다!

<u>Making</u> **others** happy is a treasure!

잘자요!

Good night!

일기 #5 / 날씨 : 흐림

Journal #5, Weather : Overcast

오늘은 아침**부터** 바쁜 하루였어요.

It's been a busy day **since** morning today.

친구들과 <u>여행</u>을 가는 **날**이기 때문이에요.

Because it's **a day** where I go on <u>a trip</u> with my friends.

유치원때부터 알던 친구들 <u>세</u>명이에요.

<u>Three</u> friends I've known since **kindergarten**.

예전에, 여행을 같이 가기로 **약속**했었어요.

In the past, we made a **promise** to go on a trip together.

그리고 드디어! 그 약속이 **실현**되었어요!

And finally! The promise has become **a reality**.

어디로 가냐고요?

Where are we going?

바다로 떠납니다!

We are going to **the sea**!

우리 모두, **산** 보다는 바다를 좋아하기 때문이에요.

Because we all like the sea over **the mountains**.

9시 30분에 <u>다같이</u> 저희 집에 **모였어요**.

We **gathered** <u>together</u> at my place at 9:30.

간식과 <u>음료수</u>를 잊지 않고 챙겼죠.

We didn't forget to bring **snacks** and <u>beverages</u>.

버스 터미널<u>까지</u>는 **걸어서** 갔습니다.

We got <u>to</u> the bus terminal **on foot**.

서울역에서 고속버스를 **탔어요**.

We **took** an express bus at Seoul station.

바다까지는 **약** 2<u>시간</u>이 걸렸습니다.

It took **about** 2 <u>hours</u> to the sea.

버스에는 <u>우리</u> **말고도** 많은 사람들이 있었어요.

There were a lot of people **beside** <u>us</u> on the bus.

그 사람들도 모두 여행을 떠나는 **것 같았어요**.

It looked like they were all going on a trip, too.

바다에 **도착**하니까 정말 <u>기분이 좋았어요</u>.

It really <u>felt good</u> when I **arrived** at the sea.

바다의 **향기**도 좋고, <u>파란</u> **색**도 아주 아름다웠어요.

I liked the **scent** of the sea, and the <u>blue</u> **color** was very beautiful.

자연이 만들어낸 훌륭한 **예술** 작품!

It's a wonderful <u>art</u> <u>work</u> **the nature** made.

친구들도 신이나서 달리기 시작했어요.

My friends started running **out of excitement**.

아참, 정말 **웃기는** 일이 있었어요.

Oh, there was a really **hilarious** incident.

우리가 **과자**를 먹고 있었는데,

We were eating our **snack**s,

갈매기<u>떼</u>가 와서 우리 과자를 훔쳐갔어요!

<u>A flock</u> of **sea gulls** showed up and stole our snacks!

놀랍고 화도 났지만, 정말 **믿기 힘든 경험**이었어요.

Thought we were **surprised** and angry, it was an **incredible** <u>experience</u>.

마지막 버스를 타고 집에 <u>돌아왔어요</u>.

We took the **last** bus and <u>came back</u> home.

몸은 <u>힘들었지만</u>, 정말 행복한 하루였어요.

It was a really happy day, <u>although</u> our **bodies** were <u>tired</u>.

일기 #6 / 날씨 : 쌀쌀함

Journal #6, Weather : Chilly

오늘은 **엄마**에게 <u>혼났어요</u>.

Today, I <u>got scolded</u> by **mom**.

비디오 게임을 **너무 많이** 했기 때문이에요.

It's because I played video game **too much**.

좀비가 **나오는** 게임인데, <u>한번</u> 시작 하면 멈추기가 <u>어려워요</u>.

It's a game **featuring** zombies, and <u>**it's difficult**</u> to stop <u>once</u> you start.

무서운 좀비들이 집으로 들어오는 것을 <u>막아야 해요</u>.

You <u>have to stop</u> the **scary** zombies from entering home.

다양한 **무기**들을 사용해서 공격해야 해요.

You have to attack using various **weapons**.

엄마는 저보고 하루에 2시간 **이상** 게임을 <u>하지 말라고</u> 말씀 하셨어요.

Mom told me <u>not to play</u> the game **more than** 2 hours a day.

시력이 <u>나빠질까봐</u> 걱정하세요.

She's concerned <u>that</u> my **eye sight** <u>might get worse</u>.

그리고, **자기 전에** 게임을 하면 <u>잠을 잘 잘 수 없어요</u>.

And, if you play the game **before going to bed**, <u>you can't sleep well</u>.

더 무서운 것이 무엇인지 <u>알아요</u>?

<u>Do you know</u> what's **more scary**?

꿈에 좀비가 <u>나오는 거</u>에요!

It's <u>seeing</u> the zombies in your **dream**!

경험 해 보셨어요? 정말 무서워요!

Have you experienced? It's really scary!

정말 <u>끔찍한</u> **악몽**이에요.

It's a really <u>horrible</u> **nightmare**.

좀비가 **실제로는** <u>존재</u>하지 않아서 정말 <u>**다행이에요**</u>.

<u>It's</u> really <u>**a relief**</u> that zombies don't **actually** <u>exist</u>.

하지만 실제로 존재**한다면**?

But **what if** they do actually exist?

무인도에서 살아야 겠어요.

I think I should live on **a deserted island**.

하지만 너무 **심심**할테니, 친구들 두 명만 <u>데리고</u>

<u>갈래요</u>.

But <u>I will bring</u> two friends because it will be too

boring.

아, 스마트폰도 **챙겨야죠**.

Oh, and **I should pack** my smartphone, too.

그런데 **그 곳**도 인터넷이 <u>될까</u>?

But <u>would</u> the Internet <u>work</u> **there**, too?

만약 그렇다면, <u>책</u>을 가져가야겠다.

If that's the case, I should bring <u>books</u>.

만화책이 <u>제일</u> 재밌어!

Comic books are <u>the most</u> fun!

어떤 만화책? 좀비가 나오는...

What kind of comic books? The ones featuring

zombies...

세상에! **또** 좀비야?

Oh my! Zombies **again**?

세상에! **또** 좀비야?

Oh my! Zombies **again**?

일기 #7 / 날씨 : 따뜻함

Journal #7, Weather : Warm

시간 참 빠르다!

Time really flies!

하나를 집에 데려온지 **벌써** 두 달이 되었어요.

It's been two months **already** since I brought Hana home.

이제는 제법 몸이 커졌어요.

His body's got quite large **now**.

밥도 **잘 먹죠**. 하루에 세 끼!

He **eats well**, too. Three meals a day!

운동하는 것도 좋아해요.

He likes to **exercise**, too.

그리고, 친구들도 많이 **만들었어요**.

And he **made** a lot of friends, too.

산책하러 나가면, <u>인기</u>가 **굉장해요**.

When we go out for **a walk**, he's **greatly** <u>popular</u>.

지나가는 사람들이 다 쳐다봐요.

All the **passer-bys** look at him.

특히 **할머니들**이 <u>제일</u> 좋아해요.

Especially, **grandmas** like him <u>the most</u>.

모두들 하나를 **쓰다듬어 주고** <u>싶어해요</u>.

Everybody <u>wants to</u> **pat** him.

그런데 하나도 사람들을 많이 좋아해요.

And Hana likes people a lot, too.

사람들을 **무서워 하지 않아요**.

He **isn't afraid of** people.

아마도, **사랑**을 많이 받아서 그런 것 같아요.

Maybe, it seems like he received a lot of **love**.

하나랑 산책을 하고 돌아오면 정말 힘들어요.

It's really tiring after I get from a walk with Hana.

하나는 집에 돌아올 생각을 **하지 않거든요**.

Hana **doesn't** think about coming back home.

새로운 것을 경험하는 것이 <u>좋은가봐요</u>.

He <u>seems to like</u> experiencing **new** things.

하나가 행복한 모습을 보면 저도 **기분이 좋아져요**.

Seeing Hana happy **makes me feel good** too.

매일 하나와 산책을 해야겠어요.

I shall take a walk with Hana **every day**.

좋은 추억을 많이 만들고 싶어요.

I want to make lots of **good** memories.

집에 돌아와서, 하나를 **목욕**시켜 주었어요.

After coming back home, I gave Hana a **bath**.

감기에 <u>걸리지 않게</u>, 드라이어로 잘 **말려 주었어요**.

I **dried** Hana well with a blow dryer <u>so that he doesn't catch</u> a cold.

목욕을 **마치고**, 하나가 저를 <u>쳐다봤어요</u>.

After a bath, Hana <u>looked at</u> me.

아이고, 저 **눈빛**! 무슨 의미인지 <u>알 것 같아요</u>.

Oops, that **look**! <u>I think I know</u> what it meant.

하나가 **또** 산책을 <u>가고 싶어하는</u> 거였어요.

Hana <u>wants to go</u> out for a walk **again**.

안돼. **내일** 가자!

We can't. Let's go **tomorrow**!

하나는 **실망했지만**, <u>어쩔 수 없어요</u>.

Hana was **disappointed**, <u>but there's nothing I could</u>

<u>do</u>.

미안해 하나야. <u>앞으로는</u> 매일 같이 산책하자!

I'm sorry Hana. <u>From now on</u>, let's go out for a

walk together!

일기 #8 / 날씨 : 변덕스러움

Journal #7, Weather : Fickle

오늘은 **할머니댁**에 다녀왔어요.

Today I visited **grandma's place**.

정말 오랜만에 **할머니**를 뵙고 왔어요.

It's been a long while since I saw **grandma** last.

생각해보니까, **거의** <u>1년 만에</u> 뵌 것 같아요.

Come to think about it, it's been **almost** <u>1 year
since</u> I saw her last.

더 자주 갔어야 하는데, 날씨가 **좋지 않아서** 가지
못했어요.

I should have visited her **more often**, but I couldn't
because the weather <u>hasn't been good</u>.

할머니댁은 **시골**에 있어요.

Grandma's place is in the **countryside**.

서울에서부터 **자동차로** 세시간 정도 <u>걸려요</u>.

It <u>takes</u> about three hours from Seoul, **by car**.

아빠가 **운전을 하셨어요**.

Dad **drove**.

저와 하나는 **뒷 자리**에 함께 앉아서 갔어요.

I and Hana sat in **the rear seat** together.

<u>중간에는</u> **휴게소**에 들러서 잠깐 쉬어 갔어요.

<u>In the middle</u>, we stopped by **a rest area** for a

quick rest.

아빠가 **운전 하시느라** 많이 피곤하셨을 것 같아요.

Dad must have been very tired **from driving**.

가는 도중에, <u>차가 많이 막혀서</u> 지루했어요.

On the way, it was really boring because of <u>heavy traffic</u>.

예전에는 안 그랬는데, 이제는 사람보다 차가 <u>더 많은 것 같아요</u>.

It wasn't like this **in the past**, but it <u>seems like there are more</u> cars than people.

하지만 **그만큼** <u>공기</u>도 많이 **오염** 되겠죠?

But the <u>air</u> must be more **polluted by that much**, right?

그러면 매일 마스크를 **써야** 할텐데...

Then we **should wear** a mask everyday...

지구와 <u>환경</u>을 **보호**하는 *방법*을 생각해 보아야 해요.

We have to think of a *way* to **protect the earth** and <u>environment</u>.

사람들과 **동물들**이 <u>건강하게</u> 살 수 있도록!

So that people and **animals** can live <u>healthy</u>!

할머니댁에 도착을 하니 **저녁** <u>시간</u>이 **<u>되었어요</u>**.

It **became dinner** <u>time</u> when we arrived at grandma's place.

그래서 저녁 **부터** 먹었죠.

So we ate dinner **first**.

할머니께서 **만들어주신** **<u>맛있는</u>** 음식들!

Delicious <u>meals</u> grandma **made**!

어떤 **맛**이냐고요?

What kind of **taste** is it?

할머니 **사랑**의 맛!

The taste of grandma's **love**!

살이 많이 <u>찌게</u> 될 것 같아요.

I think I'm going to <u>gain</u> **fat**.

괜찮아요. **살**이 찐게 아니라, <u>사랑</u>이 찐 거니까!

It's okay. It's not **fat** that I gained. It's <u>love</u> I gained.

감기에 걸렸어요.

I caught **a cold**.

며칠 전 부터 <u>두통</u>이 있었어요.

I've been having a <u>headache</u> since **a few days ago**.

처음에는 감기인지 <u>몰랐어요</u>.

At first, <u>I didn't know</u> it was a cold.

그냥 잠을 잘 못자서 <u>아픈</u> 줄 알았어요.

I **just** thought it was <u>hurting</u> because I didn't sleep well.

하지만 **콧물**이 나기 시작해서 <u>알게 되었어요</u>.

But I <u>became aware</u> as my **nose** started **running**.

옷을 더 입었어야 하는데...

I should have bundled up (more **clothes**)...

하지만, 어쩌겠어요?

But, what can I do?

이제는 너무 **늦었어요**.

It's too late now.

지금부터 건강 **관리**를 잘 할거에요.

I will take good **care** of my health **from now on**.

제가 아프면, **부모님**도 마음이 아프시니까요.

Because if I'm sick, my **parents** would feel bad,
too.

그래서 유자차를 **꾸준히** 마시고 있어요.

So I've been **constantly** drinking yuja (citron) tea.

그리고, **감기약도** <u>잊지 않고</u> 먹고 있어요.

And, I've been taking **cold medicine** <u>without forgetting</u>.

감기에 **관해서** 이런 <u>말</u>이 있어요.

There's this <u>saying</u> **about** a cold.

감기약을 **먹으면** <u>일주일</u>, **안 먹으면** 7일.

If you take cold medicine, it is a <u>week</u>, and **if you don't take it** is seven days.

재밌죠?

It's funny, right?

먹<u>던</u> 안먹<u>던</u>, 낫는데 **걸리는 시간**은 <u>똑같다</u>고 하네요.

<u>**Whether**</u> you take it or not, **the time it takes to** recover is said to be <u>the same</u>.

오늘은 정말 일찍 자야겠어요.

I think I should really sleep early today.

몸이 피곤하면 감기가 **더 오래간대요**.

It's said that a cold **lasts longer** if your body is

tired.

빨리 **나아서** 돌아올게요!

I will come back soon, **recovered!**

잘자요, 안녕!

Good night, bye!

일기 #10 / 날씨 : 따뜻함

Journal #9, Weather : Warm

오늘은 2월의 **마지막** <u>날</u>이에요.

Today is the **last** <u>day</u> of February.

‘마지막’이라는 **단어**는 참 특별해요.

The **word** ‘last’ is very special.

이것은 **끝**을 <u>의미</u>하나요?

Does this <u>mean</u> an **end**?

아니면 **시작**을 의미하나요?

Or does it mean a **beginning**?

말이 나온 김에,

Speaking of which,

3월부터는 다시 **학교**에 <u>가야해요</u>.

Starting March, <u>I have to go</u> to **school** again.

어떻게 보면, 새로운 시작이네요!

In a sense, it's a new beginning!

그동안 겨울 방학이었는데, 심심했어요.

It's been winter break, and I've been bored.

날씨가 너무 추워서 친구들을 **만나지 못했거든요**.

I couldn't see my friends because the weather has been too cold.

그래서 **보통** 인터넷으로 만났어요.

So **usually** we met through the Internet.

게임도 **같이 하고**, <u>이야기</u>도 많이 <u>하고</u>.

We **played** games **together**, and <u>chatted</u> a lot, too.

무엇을 하든지, 친구랑 함께 하면 **즐거워**요.

Whatever I do, **it's fun** if I do it with a friend.

하나요? 하나도 저의 **아주 좋은** 친구죠!

Hana? Hana is a **very good** friend of mine, too!

말은 안 통하지만, **감정**은 통해요.

Although we can't communicate through language,

we can through **emotions**.

예를 들어볼까요?

Should I give you an **example**?

지금 하나가 제 옆에서 **잠들어 있죠**?

Now Hana **is asleep** next to me, right?

이것은 하나가 저를 **믿는다**는 뜻이에요.

This means that Hana **trusts** me.

내일 다시 학교에 가서 친구들을 만나면, **할 얘기가 많을 것 같아요.**

When I go to school again tomorrow and see my friends, I think we will have a lot **to catch up**.

하나에 관해 얘기 해 주면 다들 **놀랄 것 같아요.**

I think everyone **will be surprised** if I told them about Hana.

왜냐면, 제 친구들 모두들 강아지를 좋아하거든요.

Because all my friends like puppies.

모두들 **저희 집**에 오고 싶어할 것 같아요.

I think everybody would want to come to **my house**.

역시 하나는 슈퍼스타야!

Hana **surely** is a superstar!

오늘은 학교 갈 **준비**를 하고, 일찍 자야지!

Today, I should **prepare** for school and go to sleep early!

오늘은 학교 갈 **준비**를 하고, 일찍 자야지!

Today, I should **prepare** for school and go to sleep early!

Journal #11, Weather : Cold

드디어 학교가 다시 시작되었어요!

School has **finally** started again!

친구들이 정말로 **보고 싶었어요**.

I really **missed** my friends.

어제 밤에는 너무 흥분이 되어서 잠을 잘 못 잤어요.

Last night I couldn't sleep well because I was too excited.

그래서 아침에 **일어났을때**, 사실은 **조금** 피곤했어요.

So **when I woke up** this morning, I was actually **a little** tired.

그런데 학교에 도착해서 친구들을 만나니까, **하나도** 안 피곤했어요!

But when I arrived at school and met my friends, I wasn't tired **at all**!

오늘은 **첫 날**이라서 <u>수업</u>은 하지 않았어요.

We didn't have <u>class</u> today because it was the **first day**.

대신, 새로운 **선생님**과 친구들의 이름을 <u>배웠어요</u>.

Instead, we <u>learned</u> the names of the new **teachers** and friends.

지금부터 **1년동안** 함께 <u>공부하게 될</u> 사람들이에요.

These are the people who <u>I'll be studying with</u> **for a year**, from now on.

다른 학교에서 <u>전학 온</u> 아이들도 있었어요.

There were kid who <u>transferred from</u> **another**

school.

새로운 곳에 오면, 빨리 **적응** 하는 것이 중요해요.
When you come to a new place, it's important to **adjust** yourself quickly.

안 그러면, **괴롭힘**을 당할 수 도 있어요.
If not, you might get **bullied**.

물론, 저는 **착한** 아이라서 다른 아이들을 괴롭히지 않아요.
Of course, I'm a **kind** kid and do not bully other kids.

하지만, 다른 친구들을 괴롭히는 아이를 보면, **화를 낼거에요**.
But if I see a kid who bullies other kids, **I will get angry**.

그리고, 선생님께 바로 말할거에요.

And, I will tell the teacher right away.

그렇게 해야 친구들을 **보호**할 수 있어요.

That's how I can **protect** my friends.

우리 모두 **사이 좋게 지내면** 좋겠어요.

I wish that all of us can **get along**.

저의 친구들에게 하나 이야기를 해 주었더니 다들
좋아했어요.

When I told my friends about Hana, everybody
liked it.

그 중 한 친구는 **고양이**를 <u>기르는데</u>, 저희 집에
데려오고 싶다고 했어요.

One of them <u>has</u> a **cat**, and he said he wants to
bring it to my house.

친구들이 모두 자신의 **애완동물**을 데리고 오면, 우리 집이 <u>동물원</u>이 될텐데, **<u>괜찮겠죠</u>**?

If all of my friends bring their **pet**, my house will be a <u>zoo</u>, but **<u>I guess it's okay</u>**?

일기 #12 / 날씨 : 따뜻함

Journal #12, Weather : Warm

저는 새로운 선생님이 <u>그다지</u> **마음에 들지 않아요.**

I **don't** <u>quite</u> **like** the new teacher.

숙제를 너무 많이 <u>내주시거든요</u>.

Because she <u>gives</u> us too much **homework.**

작년 선생님은 <u>안 그러셨는데</u>.

Our teacher from **last year** <u>wasn't like that</u>.

그 선생님에 **비하면**, 거의 <u>두 배</u>는 많은 것 같아요.

Compare to that teacher, I think it's almost <u>twice</u>
as much.

물론, 숙제를 많이 하면 **똑똑해지겠죠**.

Of course, if I do more homework, **I could get**
smarter.

하지만 **덜** 건강해지지 않을까요?

But won't we get **less** healthy?

왜냐면 밖에 나가서 **운동**할 수 없으니까요.

Because we can't go outside and **exercise**.

비디오 게임을 할 시간이 **줄어들어서** 그러냐고요?

Are you asking me if I'm like this because the

time for playing video game has **reduced**?

에이, **전혀** 그렇지 않아요.

Come on, it's not like that **at all**.

알잖아요? 하나도 **산책**시켜야 하는 것을요.

Don't you know? That I also have to take Hana out

for a **walk**.

하나도 제가 **숙제만 하는 것**을 <u>보면</u> 슬퍼할 것이

분명해요.

It's certain that Hana would get sad <u>if he sees</u> me

<u>**doing homework only**</u>.

모든 **과목** 중에서, <u>쓰기</u> 숙제를 가장 많이 내주세요.

Among all **subjects**, she gives us <u>writing</u>

homework the most.

쓰기 **연습**을 많이 하면, <u>예쁘게</u> 글씨를 쓸 수 있지만,

팔이 <u>**아파요**</u>.

If we do a lot of writing **practice**, we can write

letters <u>beautifully</u>, but my arms **hurt**.

아! **엉덩이**도 아프네요.

Oh! My **bottoms** hurt too.

계속 <u>앉아 있어야</u> 하니까요.

Because I have to **stay** <u>seated</u> **for a long time**.

하지만 제가 좋아하는 숙제도 있어요.

But there's homework that I like.

영어 단어 숙제입니다.

It's **English** words homework.

새로운 단어를 **배우는** 것은 정말 재밌거든요.

Because **learning** new words is really fun.

새로운 단어를 **매일** 배우면,

If I learn new words **every day**,

저의 영어 **어휘**는 <u>굉장히</u> <u>늘어날</u> 거에요.

My English **vocabulary** will <u>expand</u> <u>tremendously</u>.

그러면 **언젠가는** <u>영어로</u> 일기를 쓸 수 있겠죠?

Then **some day** I can write my journal <u>in English</u>, right?

그리고, **소설도** 쓸 수 있을거에요!

And I can also write a **novel**, too!

많은 사람들에게 **희망**을 주는 이야기!

A story that can give **hope** to many people!

제가 **쓰고 싶은** 소설이에요.

That's the type of novel **I want to write**.

왜냐면 저도 **어렸을때** 소설을 많이 <u>읽었거든요</u>.

Because I <u>read</u> many novels **when I was little**, too.

책을 읽으면서, **상상력**을 <u>키웠어요</u>.

By reading books, I <u>developed</u> my **imagination**.

비록, 이 세상에 유니콘은 없다는 것은 알지만,

Although I know that there's no Unicorn in the world,

상상하는 것 **만도** 즐겁잖아요?

It's fun **just** imagining it, right?

당신도 **상상해 보세요!**

You should try to **imagine** too!

당신이 **<u>살고 싶은</u>** 멋진 <u>세상</u>을요!

The **wonderful** <u>world</u> that you **<u>want to live in</u>**!

일기 #13 / 날씨 : 비가 옴

Journal #13, Weather : Rainy

오늘은 학교에서 친구와 **싸웠어요**.

Today, I had a **fight** with a friend at school.

누구랑 싸웠냐고요?

Who did I have a fight with?

놀랍게도, 저랑 <u>가장 친한</u> 친구와 싸웠어요.

Surprisingly, I had a fight with my <u>best friend</u>.

왜 싸웠냐고요?

Why did I fight?

사실, 굉장히 **사소한** 문제였어요.

In fact, it was a very **trivial** matter.

제가 **얼마전에** 그 아이에게 만화책을 <u>빌려</u>
<u>줬었거든요</u>.

I <u>had loaned</u> him my comic book **a while ago**,

그런데 **아직** 저에게 <u>돌려주지</u> **않았어요**.

But he **still <u>hasn't</u>** <u>returned</u> it to me.

그래서 제가 책을 언제 돌려줄 것인지 **물어보았어요**.

So I **asked** him when he'd return the book.

그랬더니 제 친구는, 자기에게 **선물**로 준 것이라고
생각했다고 말했어요.

Then my friend said that he thought I gave it to
him as a **gift**.

절대로 저는 <u>그런 말을</u> **한 적이 없었어요**.

I have **absolutely <u>never said</u>** <u>such a thing</u>.

하지만, 돌려주고 싶을 때 돌려주면 된다고 말 **하긴** 했어요.

But I **did** tell him that he can return it when he wants to return it.

그리고, 안 돌려줘도 **상관은 없다고** 말 했거든요.

And I said **it wouldn't matter** if he didn't return it to me.

생각해 보니까, 제가 조금 **헷갈리게** 말한 것 같아요.

Come to think about it, I think I said it in a **confusing** way.

그러려고 한 **의도**는 아니었는데.

It was not my **intention**, though.

아, **더 큰 문제**는 이거예요.

Oh, a **bigger problem** is this.

그 친구가 제 책을, 자기 **동생**한테 선물로 줬다는
거예요.
That he gave my book to his **younger sibling** as g
gift.

그 이야기를 **듣고** 저는 화가 났었죠.
I got mad **after hearing** that.

왜냐면 저도 그 책을 **엄마한테** 선물 받은 였거든요.
Because I got it **from my mom** as a gift.

어쨌든, 우리는 **결국** 오해를 **풀었어요**.
Anyways, we **eventually resolved** the
misunderstanding.

그리고, 친구가 다시 책을 돌려주기로 했어요.
And, he decided to return the book to me.

그러면, 저는 그 책을 그 친구에게 선물해 줄
예정이에요!

Then, I **plan** to give the book to him as a gift!

그러면 우리 다 **기분**이 좋겠죠?

Then all of us would **feel** happy, right?

우리는 친구니까, **가끔** 싸울수도 있어요.

We might have a fight **sometimes**, because we're
friends.

하지만 우리는 친구니까, **언제나** 서로를
<u>이해할거에요</u>.

But because we're friends, we'll **always**
<u>understand</u> each other.

친구야 **고마워**!

Thank you, my friend!

저는 **요즘** 큰 <u>고민</u>이 있어요.

I have a big <u>concern</u> **nowadays**.

그것은 저의 **미래**에 관한 것입니다.

It is about my **future**.

저는 **어른**이 되면 무엇을 해야 할까요?

What should I do when I become an **adult**?

아, **직업** 말이에요.

Oh, I'm talking about **jobs**.

과학자가 될까요? **운동선수**가 될까요?

Should I be a **scientist**? Should I be an **athlete**?

하고 싶은게 너무 많아서 큰 문제예요!

It's a huge problem because I have so many **that I
want to do**!

하지만, 제가 **가장 잘 하는 것**을 찾는 것이
중요하겠죠?

But it's important to find **what I do best** right?

아니면, 제가 가장 좋아하는 것을 **찾는 것**이
중요할까요?

Or, is **finding** what I like doing the most important?

제가 **가장 잘 하면서** 가장 좋아하는 것을 찾을 수
있으면 좋을텐데...

It would be nice if I could find something **I do best**
and I like the most...

어떻게 하면 알 수 있을까요?

How can I find out?

사실, 저는 비디오게임을 좋아하고, 또 가장 잘
해요!
Actually, I like videogame the most and I'm best at
it.

제 친구들보다 **훨씬 잘하거든요**.
Because **I play way better** than my friends.

요즘에는, 프로 게이머라는 직업도 있어요.
Nowadays, there's a job called 'pro gamer'.

어떤 일을 하냐고요?
What kind of job do they do?

비디오게임을 하는거에요!
They play video games!

사실이라고 <u>하기</u>엔 너무 좋죠?
It's <u>too</u> good <u>to</u> be **true**, right?

하지만 사실이에요.

But it is true.

어린이들이 가장 하고 싶어하는 직업<u>중의</u>

<u>하나</u>랍니다.

It's <u>one of the</u> jobs **kids** want to have the most.

하지만 생각해보면, 이 직업도 **스트레스**를 많이 줄

것 같아요.

But thinking about it, this job would give you a lot

of **stress**.

다른 사람들과 <u>끊임없이</u> <u>경쟁</u>해야 하잖아요?

You have to **compete** with **other** people <u>endlessly</u>,

right?

그리고 **시력**도 많이 나빠지겠다…

And your **eyesight** will be pretty bad, too…

음... 그러면 어떤 다른 **대안**이 있을까요?

Hm.. Then what other **alternatives** are there?

돈도 많이 벌면 좋을텐데!

It would be nice if I can make a lot of **money**!

돈을 벌어서 무엇을 할까요?

What should I do with the money I make?

저는 **가난한** 사람들을 도와주고 싶어요.

I'd like to help the **poor** people.

특히나, **배고픈** 사람들을 위해 <u>무료</u>로 음식을 <u>제공</u>하고 싶어요.

Especially, I'd like to **provide** <u>free</u> food to the **hungry** people.

추운 **겨울**에는 따뜻한 토마토 수프를 주고,

During the cold **winter** time, I'd give them warm

tomato soup,

더운 **여름**에는 <u>얼음물</u>을 줄 거에요.
During the hot **summer** time, I'd give them <u>ice water</u>.

그리고, **식사 시간**에는 맛있는 **국수**와 김치를 줄 거예요.
And, during the **meal time**, I'd give them <u>noodles</u> and kimchi.

하하, 맞아요!
Haha, you're correct!

이것들은 제가 <u>가장 좋아하는</u> 음식들이에요.
These are my <u>favorite</u> foods.

제가 좋아하는 것들을 **나누고 싶어요**.
I'd like to share what I like.

그리고, 그러한 **장소**가 만들어지면,

And, if such a **place** is made,

저는 **그 장소**를 '사랑의 <u>집</u>'이라고 <u>**부를거예요**</u>.

<u>**I'd call**</u> **that place** 'House of <u>Love</u>'.

누구나 와서, 사랑을 얻어갈 수 있는 곳!

Where **anybody** can come and get some love!

일기 #15 / 날씨 : 따뜻함

Journal #15, Weather : Warm

인생이란 무엇일까요?

What is **life**?

아무리 생각해도 답을 찾을 수 없어요.

No matter **how hard** I think, I can't find the <u>answer</u>.

왜 **갑자기** 이런 말을 하냐고요?

Why do I say this kind of thing **all of a sudden**?

오늘 **교회**에 다녀 왔기 때문이에요.

Because I went to **church** today.

목사님의 <u>설교</u>를 들으면서 많은 생각을 했어요.

I had a lot of thoughts listening to the **pastor**'s <u>preach</u>.

우리는 이 **세상**에 왜 왔는가?

Why have we come to this **world**?

여기에 **누구에 의해** 왔는가?

By whom have we come here?

그리고, **어디로** 가고 있는가?

And, **to where** are we going?

당신은 이 **질문**에 <u>대답</u> 할 수 있나요?

Can you <u>answer</u> this **question**?

그동안 많은 사람들이 <u>시도 해 보았어요</u>.

So far, many people <u>have tried</u>.

하지만 모두의 <u>생각</u>이 **달랐어요**.

But everyone's <u>thoughts</u> **differed**.

아! <u>머리</u> **아프다**!

Ouch! My <u>head</u> **hurts**!

하루 하루를 행복하게 사는게 중요합니다.

It's important to live happily, **day by day**.

행복은 **멀리** <u>있지 않아요</u>.

Happiness <u>isn't</u> **far** from us.

우리가 <u>생각하지 않은</u> 곳에서 **나타날 수 있어요**.

It **might turn up** somewhere we <u>haven't thought</u> about.

주위를 둘러보세요!

Take a look around!

무엇을 **발견**했나요?

What have you **found**?

일기 #16 / 날씨 : 추움

Journal #16, Weather : Cold

여러분, **오랜만이에요**.

Everyone, **it's been a while**.

거의 두 달 동안 일기를 **쓰지 못했어요**.

I **couldn't write** a journal for almost two months.

제가 **한동안** <u>좀</u> 아팠거든요.

I've been <u>a little</u> sick **for a while**.

입원해서 <u>**치료**</u>를 <u>받았어요</u>.

I was **hospitalized** and <u>received</u> <u>**treatment**</u>.

왜 **입원**했냐고요?

Why did I **get hospitalized**?

아주 **심한** 독감에 걸렸었어요.

I had caught a very **severe** flu.

그렇게 아팠던 것은 **처음이에요**.

It was my **first time** being that sick.

죽을지도 모른다고 생각했어요.

I thought I **might die**.

하지만 다행히도 **살아서 돌아왔어요**.

But luckily I **came back alive**.

그래서 이렇게 **다시** 일기를 씁니다.

So I write journal **again**, like this.

기다려 줘서 고마워요.

Thanks for waiting.

건강을 **잃으면**, 모든것을 잃는다고 하죠?

It's said that **if you lose** health, you lose everything, right?

정말 **맞는 말**이에요.

It is indeed **true**.

학교에도 **못 갔어요**.

I couldn't go to school, either.

제 친구들이 저에게 **편지**를 보내주었어요.

My friends sent me **letters**.

빨리 회복하기를 바라는 편지였어요.

They were letters hoping me to get better **soon**.

그 **덕분에**, 빨리 나을 수 있었어요

Thanks to that, I was able to quickly recover.

정신 건강도 중요하다는 것을 <u>배웠어요</u>.

I <u>learned</u> that **mental** health is also important.

앞으로는, 아프지 않도록 **조심할거에요**.

From now on, **I will be careful** not to get sick.

부모님도 많이 **걱정 하셨어요**,

My parents worried a lot, too.

하나도 **만날 수 없었어요**.

I **couldn't meet** Hana, either.

오랜만에 하나를 다시 만났을때,

When I met Hana again **after a long time**,

하나는 뭔가 **헷갈려** 하는 것 같았어요.

Hana looked somewhat **confused**.

하지만 **곧바로** 저를 <u>알아보고</u>,

But he <u>recognized</u> me **right away**,

힘차게 <u>꼬리</u>를 치기 시작했어요.

He started to wag his <u>tail</u> **vigorously**.

그래서 저도 하나를 **꼬옥** <u>안아주었어요</u>.

So I <u>hugged</u> Hana **tightly**, too.

우리, 아프지 말자!

Let's not get sick!

다음에 또 만나요!

I will see you again **next time**!

Let's Study Korean - Complete Practice Work Book for Grammar, Spelling, Vocabulary and Reading Comprehension With Over 600 Questions
Easy Learning Fundamental Korean Writing Practice Book - Learn And Improve Your Korean Alphabet Writing Skills
Fun & Easy Korean-English Picture Dictionary - Fastest Way To Learn Over 1,000+ Words and Expressions
Quick & Easy Korean Vocabulary - 1,000 Essential Words and Phrases with Pronunciation Guide

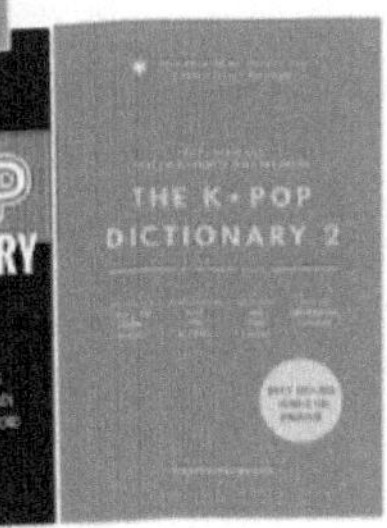

The K-Pop Dictionary - 500 Essential Korean Slang Words and Phrases Every K-Pop, K-Drama, K-Movie Fan Should Know
The K-Pop Dictionary 2 - Learn To Understand What Your Favorite Korean Idols Are Saying On M/V, Drama, and TV Shows
How To Write a K-Pop Fan Mail / Letter in Korean - Complete Step-By-Step Guide With Over 400+ Expressions & Sample Letters
K-Pop BTS Quiz Book - 123 Fun Facts Trivia Questions About K-Pop's Hottest Band
K-Pop EXO Quiz Book - 123 Fun Facts Trivia Questions About K-Pop's Hottest Band

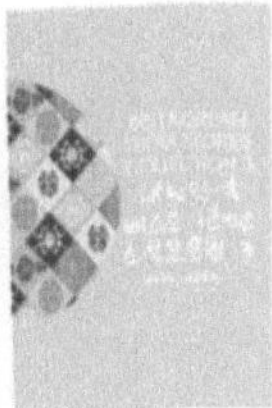

Most Important People in Korean Histor
Influential Figures You Should Know To Understand The Nation

Best Korean Short Stories Collection 1 ~ 3 (Korean Edition)
Meet the Essence of Korean Literature

Admiral Yi Sun-Sin (Soon-Shin) (Korean Edition)
The Legendary Turtle Ship War Hero

www.ingramcontent.com/pod-product-compliance
Lightning Source LLC
Chambersburg PA
CBHW051245160726
47994CB00003B/1033